BEI GRIN MACHT SICH IHR WISSEN BEZAHLT

- Wir veröffentlichen Ihre Hausarbeit,
  Bachelor- und Masterarbeit

- Ihr eigenes eBook und Buch -
  weltweit in allen wichtigen Shops

- Verdienen Sie an jedem Verkauf

Jetzt bei www.GRIN.com hochladen und kostenlos publizieren

GRIN Verlag (Hrsg.)

Gedichte zu Weihnachten

GRIN Verlag

Bibliografische Information der Deutschen Nationalbibliothek:

Die Deutsche Bibliothek verzeichnet diese Publikation in der Deutschen National-
bibliografie; detaillierte bibliografische Daten sind im Internet über http://dnb.d-
nb.de/ abrufbar.

Impressum:

Copyright © 2008 GRIN Verlag GmbH
Druck und Bindung: Books on Demand GmbH, Norderstedt Germany
ISBN: 978-3-640-21816-5

Dieses Buch bei GRIN:

http://www.grin.com/de/e-book/119194/gedichte-zu-weihnachten

GRIN - Your knowledge has value

Der GRIN Verlag publiziert seit 1998 wissenschaftliche Arbeiten von Studenten, Hochschullehrern und anderen Akademikern als eBook und gedrucktes Buch. Die Verlagswebsite www.grin.com ist die ideale Plattform zur Veröffentlichung von Hausarbeiten, Abschlussarbeiten, wissenschaftlichen Aufsätzen, Dissertationen und Fachbüchern.

Besuchen Sie uns im Internet:

http://www.grin.com/

http://www.facebook.com/grincom

http://www.twitter.com/grin_com

GRIN Verlag (Hrsg.)

Gedichte zu Weihnachten

* * * * *

* * * * *

1

Inhaltsverzeichnis

Theodor Storm – Knecht Ruprecht (1862)

Von drauß' vom Walde komm ich her;
Ich muß euch sagen, es weihnachtet sehr!
Allüberall auf den Tannenspitzen
Sah ich goldene Lichtlein sitzen;
Und droben aus dem Himmelsthor
Sah mit großen Augen das Christkind hervor,
Und wie ich so strolcht' durch den finstern Tann,
Da rief's mich mit heller Stimme an:
„Knecht Ruprecht", rief es, „alter Gesell,
„Hebe die Beine und spute dich schnell!
„Die Kerzen fangen zu brennen an,
„Das Himmelsthor ist aufgethan,
„Alt' und Junge sollen nun
„Von der Jagd des Lebens einmal ruhn;
„Und morgen flieg' ich hinab zur Erden,
„Denn es soll wieder Weihnachten werden!"
Ich sprach: „O lieber Herre Christ,
„Meine Reise fast zu Ende ist;
„Ich soll nur noch in diese Stadt,
„Wo's eitel gute Kinder hat."
- „Hast denn das Säcklein auch bei dir?"
Ich sprach: „Das Säcklein das ist hier:
„Denn Aepfel, Nuß und Mandelkern
„Fressen fromme Kinder gern."
- „Hast denn die Ruthe auch bei dir?"
Ich sprach: „Die Ruthe, die ist hier:
„Doch für die Kinder nur, die schlechten,
„Die trifft sie auf den Theil den rechten."
Christkindlein sprach: „So ist es recht;
„So geh mit Gott, mein treuer Knecht!"

Von drauß' vom Walde komm ich her;
Ich muß euch sagen, es weihnachtet sehr!
Nun sprecht, wie ich's hierinnen find'!
Sind's gute Kind', sind's böse Kind'?

Vater:

Die Kinder sind wohl alle gut,
Haben nur mitunter was trotzigen Mut.

Ruprecht:

Ei, ei, für trotzgen Kindermut
Ist meine lange Rute gut!
Heißt es bei euch denn nicht mitunter:
Nieder den Kopf und die Hosen herunter?

Vater:

Wie einer sündigt, so wird er gestraft;
Die Kinder sind schon alle brav.

Ruprecht:

Stecken sie die Nas auch tüchtig ins Buch,
Lesen und schreiben und rechnen genug?

Vater:

Sie lernen mit ihrer kleinen Kraft,
Wir hoffen zu Gott, daß es endlich schafft.

Ruprecht:

Beten sie denn anch altem Brauch
Im Bett ihr Abendsprüchlein auch?

Vater:

Neulich hört ich im Kämmerlein
Eine kleine Stimme sprechen allein;
Und als ich an die Tür getreten,
Für alle Lieben hört ich sie beten.

Ruprecht:

So nehmet denn Christkindleins Gruß,
Kuchen und Äpfel, Äpfel und Nuß;
Probiert einmal von seinen Gaben,
Morgen sollt ihr was Besseres haben.
Dann kommt mit seinem Kerzenschein
Christkindlein selber zu euch herein.
Heut hält es noch am Himmel Wacht;
Nun schlafet sanft, habt gute Nacht.

* * * * *

Theodor Fontane – Verse zum Advent (1892)

Noch ist Herbst nicht ganz entflohn,
Aber als Knecht Ruprecht schon
Kommt der Winter hergeschritten,
Und alsbald aus Schnees Mitten
Klingt des Schlittenglöckleins Ton.

Und was jüngst noch, fern und nah,
Bunt auf uns herniedersah,
Weiß sind Türme, Dächer, Zweige,
Und das Jahr geht auf die Neige,
Und das schönste Fest ist da.

Tag du der Geburt des Herrn,
Heute bist du uns noch fern,
Aber Tannen, Engel, Fahnen
Lassen uns den Tag schon ahnen,
Und wir sehen schon den Stern.

* * * * *

Rainer Maria Rilke – Advent (1898)

Es treibt der Wind im Winterwalde
die Flockenherde wie ein Hirt,
und manche Tanne ahnt, wie balde
sie fromm und lichterheilig wird,
und lauscht hinaus. Den weißen Wegen
streckt sie die Zweige hin – bereit,
und wehrt dem Wind und wächst entgegen
der einen Nacht der Herrlichkeit.

* * * * *

Joachim Ringelnatz – Vorfreude auf Weihnachten (1933)

Ein Kind – von einem Schiefertafel-Schwämmchen
Umhüpft – rennt froh durch mein Gemüt.

Bald ist es Weihnacht! – Wenn der Christbaum blüht,

Dann blüht er Flämmchen.
Und Flämmchen heizen. Und die Wärme stimmt
Uns mild. – Es werden Lieder, Düfte fächeln. –

Wer nicht mehr Flämmchen hat, wem nur noch Fünkchen glimmt,
Wird dann doch gütig lächeln.

Wenn wir im Traume eines ewigen Traumes
Alle unfeindlich sind – einmal im Jahr! –
Uns alle Kinder fühlen eines Baumes.

Wie es sein soll, wie's allen einmal war.

* * * * *

Johann Karl Wilhelm Geisheim – Weihnachtszeit (1839)

Der Tage kürzester, die längste Nacht
Sank auf der Erde Winteröde nieder.
Die Finsterniß mit bleiernem Gefieder
Hat ihren Sieg auf Erden nun vollbracht.

Jetzt wendet steigend sich der Sonne Lauf;
Es wächst der Tag gleich einem Kind' auf Erden.
Gemach wird es nun größer, schöner werden,
Und hold uns wachsen bis zur Ernt' hinauf.

Doch wie der Tag, so ward uns noch ein Kind
In dieser Zeit der Finsterniß geboren,
Den Augen, die das Himmelslicht verloren,
Und die in Nacht des Wahns versunken sind.

Das Christuskind, der Tag, das Licht der Welt,
Zugleich ja ward, so wie des Tages Werde,
Als Licht und Heiland unsrer Sündererde
Von Gott, dem Vater, in die Welt gestellt.

Heil, wer die wunderbare Zeit versteht,
Und mit dem Tag', der jung den Lauf begonnen,
Nun mit dem Christus zu des Himmels Wonnen
In gleichem Wachsthum seines Lichtes geht.

* * * * *

Ernst Moritz Arndt – Der Weihnachtsbaum (1860)

Steht er da der Weihnachtsbaum
Wie ein bunter goldner Traum,
Spiegelt Unschuldkinderglück,
All sein Paradies zurück.

Und wir schau'n und denken dann,
Wie uns heut das Heil begann,
Wie das Kindlein Jesus Christ
Heut zur Welt geboren ist;

Wie das Kind von Himmelsart
Lag auf Stroh und Halmen hart,
Wie der Menschheit Hort und Trost
Erdenelend hat erloost.

Also steh'n und schauen wir
Gottes Lust und Gnade hier:
Was uns in dem Kindlein zart
Alles heut geboren ward.

Blüh' denn, leuchte, goldner Baum,
Erdentraum und Himmelstraum,
Blüh' und leucht' in Ewigkeit
Durch die arme Zeitlichkeit!

Sei uns Bild und sei uns Schein,
Daß wir sollen fröhlich sein,
Fröhlich durch den süßen Christ,
Der des Lebens Leuchte ist.

Sei uns Bild und sei uns Schein,
Daß wir sollen tapfer sein
Auf des Lebens Pilgerbahn,
Kämpfend gegen Lug und Wahn.

Sei uns Bild und sei uns Schein,
Daß wir sollen heilig sein,
Rein wie Licht und himmelklar,
Wie das Kindlein Jesus war.

* * * * *

Theodor Storm – Weihnachtslied (1845)

Vom Himmel in die tiefsten Klüfte
Ein milder Stern herniederlacht;
Vom Tannenwalde steigen Düfte
Und hauchen durch die Winterlüfte,
Und kerzenhelle wird die Nacht.

Mir ist das Herz so froh erschrocken,
Das ist die liebe Weihnachtszeit!
Ich höre fernher Kirchenglocken
Mich lieblich heimathlich verlocken
In märchenstille Herrlichkeit.

Ein frommer Zauber hält mich wieder,
Anbetend, staunend muß ich stehn;
Es sinkt auf meine Augenlider
Ein goldner Kindertraum hernieder,
Ich fühl's, ein Wunder ist geschehn.

* * * * *

Joachim Ringelnatz – Ich ward beschenkt für ein Gedicht (1932)

Unbekannt hat mir zugesandt:
Ein blondes Löckchen,
Eines früh verstorbenen Kindes Löckchen;
Leicht wie ein Schneeflöckchen,
Rührend wie ein Lämmerglöckchen
Aus Spielzeugsland.

„Dank einer Mutter" stand
Als Unterschrift geschrieben.

Wenn wieder Weihnachten wird sein,
Hängen an unsrem Baum nicht zwei
Kinderlöckchen, nein diesmal drei.
Eins davon von einem Engelein.

* * * * *

Friedrich Rückert – Einladung auf Weihnachten (1833)

Jeder kann sich die Welt betrachten
Zur Lenzfeier auf seine Weise,
Aber das Winterfest Weihnachten
Ist gemacht für Familienkreise.

Da nun solch einen Kreis du missest,
Sei geladen in meinen frommen,
Daß du unter den Kindern wissest,
Wozu Christ in die Welt gekommen.

Laß dich nicht reun die wenigen Meilen,
Durch Windweben ein rüstiger Schreiter;
Um die festliche Luft zu theilen,
Reist man im kältern Schweden noch weiter.

Wenig fördert beim spärlichen Lichte
Jetzt die Arbeit, die volles fodert.
Bring, wie du pflegst, uns eine Geschichte,
Daß der Kamin uns heller lodert.

Komm aus der Still', um im Saus und Brause
Mich zu trösten von all den Buben,
Die mir der Winter hält in der Klause,
Daß eng werden die weiten Stuben.

Theile des häuslichen Glücks Genüsse,
Sieh, vom geputzten Zweige der Tannen
Wie sie schlagen die goldnen Nüsse;
Wenn du genug hast, gehst du von dannen.

Aber ich muß, in Fessel geschlagen,
Des erlösenden Frühlings warten,
Um mit gutem Gewissen zu sagen:
Marscht nun, Buben, und lärmet im Garten!

Nachtrag zur Einladung auf Weihnachten:

Ich wollte mit dir schmollen,
Daß du nicht kommen wollen,
Geladen auf Weihnachten;
Doch es hat gehen sollen
Viel anders als wir dachten.

Nun sind die mandelvollen
Lebkuchen und Christstollen
Gebacken auf Weihnachten;
Allein die Kinder sollen
Sie dismal nur betrachten.

Die Seuche kam mit Grollen,
Und hieß den Tand sich trollen.
Den wir zum Christbaum brachten;
Von Scharlach sind verschwollen
München, die Purpur lachten.

Wir können zu dem Schaden
Nun keine Gäste laden
Auf Senf und Fieberrindchen;
Wer weiß, ob uns begnaden
Mag selbst das Christuskindchen!

16

Doch tret es, ob's auch Mängel
Hier find', in unsern Sprengel,
Wir harren unbeklommen.
Es wird als Todesengel
Der Lebensfürst nicht kommen.

* * * * *

Theodor Storm – Weihnachtsabend (1852)

Die fremde Stadt durchschritt ich sorgenvoll,
Der Kinder denkend, die ich ließ zu Haus.
Weihnachten war's; durch alle Gassen scholl
Der Kinderjubel und des Markts Gebraus.

Und wie der Menschenstrom mich fortgespült,
Drang mir ein heiser' Stimmlein in das Ohr:
„Kauft, lieber Herr!" Ein magres Händchen hielt
Feilbietend mir ein ärmlich Spielzeug vor.

Ich schrak empor; und beim Laternenschein
Sah ich ein bleiches Kinderangesicht;
Weß Alters und Geschlechts es mochte sein,
Erkannt' ich im Vorübertreiben nicht.

Nur von dem Treppenstein, darauf es saß,
Noch immer hört' ich, mühsam, wie es schien:
„Kauft, lieber Herr!" den Ruf ohn' Unterlaß;
Doch hat wohl Keiner ihm Gehör verliehn.

Und ich? – War's Ungeschick, war es die Scham,
Am Weg zu handeln mit dem Bettelkind?
Eh' meine Hand zu meiner Börse kam,
Verscholl das Stimmlein hinter mir im Wind.

Doch als ich endlich war mit mir allein,
Erfaßte mich die Angst im Herzen so,
Als säß' mein eigen Kind auf jenem Stein,
Und schrie nach Brod, indessen ich entfloh.

* * * * *

18

Otto Ernst – Weihnachtsepistel (1903)

Weihnacht kommt heran, das Fest der Kleinen,
Da die Großen wie die Kindlein werden,
Arme Hirten, Könige und Weise
Mit den Öchslein um die Krippe stehen
Und ein Kind in tiefster Demut ehren.

Ja, die Großen werden wie die Kleinen.
Halbe Stunden lang sitz ich geduldig,
Ein Stück „Nachwuchs" auf dem Arm, auf jedem
Knie noch eins, und eines steht dazwischen.
Wie man sieht: ein Fünftes fände schwerlich
Platz noch: höchstens auf den Schultern könnten
Zwei noch sitzen. Los geht das Verhör nun!
„Hast du heut den Weihnachtsmann gesprochen?
Hat er wohl noch solche große Puppe,
Solche, weißt du wohl, die schlafen kann
Und die Arm' und Beine biegen kann?
Und die richtig schreit?" – „Ja, das ist wichtig!"
„Und ein Fläschchen auch dazu mit Lutscher?
Und 'nen Puppenwagen? Und 'ne Küche –"
„Ja, und sonst noch was? Ja freilich hat er
All dergleichen, aber nur für Kinder,
Die nicht eigensinnig sind, wie etwa
Hier mein kleines Dirnchen (in Gedanken
Und in Klammer: „und wie ihr Herr Vater!")
„Dedda doosche Taffeetanne haben
Un Terwine un Papoffelschüssel –"
„Kriegst du, selbstverständlich." „Und ich wünsch mir
Nur 'ne große, ganz ganz große Trommel!"
„Ja, das möcht'st du wohl! Um mir die Nerven
Ganz kaputt zu trommeln! Nicht vielleicht auch
Noch ein Glasklavier mit Blechtrompete?

Aber hört! wenn ihr hübsch artig seid
Und die Mutter mir nicht noch vor Weihnacht
In vier Stücke reißt, dann kriegt ihr jeder
Ganz gewiß von mir ein nagelneues,
Langes, breites, dickes, wunderschönes
Abgebranntes Zündholz –". „Hahahaaaaa!"
Allgerechter! Diese Kehlen! Schrecklich
Dankbar ist dies Publikum für „Witze"!
Springen, Lachen, Johlen, Schreien, Strampeln –
Dein gedenk ich, großer Hagenbeck!
„Und was wünschest du dir denn, Papachen?"
„Ja – das muß ich reiflich überlegen. –
Denn die Sache ist mir doch zu wichtig. –
Halt! ich hab's! Schon wieder hab ich einen
Handschuh irgendwo verloren. Schenkt mir
Einen linken Handschuh!" „Ja, was kostet
Denn ein Handschuh?" „Hunderttausend Taler!"
Neuer Sturm. Am Boden selbstverständlich
Endet dieses bürgerliche Schauspiel.
Wie ein Festungswall werd ich „genommen",
Tapfern Fußes jubelnd überschritten,
Wie ein Schneemann werd ich erst gerollt und
Dann geknetet. Ja, du liebe Weihnacht,
Ja, ich sehe deutlich schon das Ende.
Immer weicher wird man, immer milder,
Schließlich kriegt der Kerl sie doch, die Trommel,
Und ich lasse gütigst auf mir trommeln.

Weihnacht kommt, das große Fest der Kleinen,
Da mit Hirt und Öchslein Könige
Um die Krippe stehn in frommer Demut.

Sonst – ich muß es grad heraus bekennen –
Ist zur Demut mein Talent im Grunde
Außerordentlich gering, und draußen
Mach ich mich nicht gerne klein mit Kleinen.
„Demut" – eine böse Wurzel hat das
Wort, die schlimme Wurzel großen Übels:
Denn es kommt vom Schreckensworte „dienen."
Unsre großen, freien, stolzen Vorfahr'n
Kannten den Begriff nicht und das Wort nicht.
Erst mit andren Schätzen aus dem Osten
Kam die Demut auch in deutsches Land.
Demut kriecht am Boden, und so ist sie
Immer nah bei Staub, Gewürm und Schmutze;
Aber hohen Blicks geht Stolz einher,
Achtlos tritt er Wurm und Staub mit Füßen.
Nein, die schönste biblische Geschichte
War und bleibt mir immer die vom Jakob,
Der den Engel frisch beim Kragen packte:
„Jetzo segne mich entweder – oder –"
Seine ganze Schwindelei vergeb' ich
Ihm für diese echte Menschentat.

Ja, ach ja: zur kleingesinnten Demut
Fehlt mir die Begabung. Nur zu Zeiten –
Wenn die Weihnacht nahekommt – verkriech' ich
Tief und stumm mich in mein Innerstes.
Auf der Heimkehr von der Arbeit such' ich
Stille, kaum betret'ne Wege dann,
Wo die Sonne, müde schon und rot,
In umnebelten Gebüschen hängt,
Selten nur ein Vöglein sich davonhebt
Stummen Fluges durch die träge Luft,
Daß vom kaum gebognen Zweig der Schnee
Lautlos fällt auf Schnee. Auf fernem Wege –

Irgendwo – und kaum noch zu vernehmen,
Unter schweren Rädern kreischt der Schnee;
Über einer schwarzen Kate flimmert
Hoch und hell mein Stern von Bethlehem.

Dann geschieht's. Zwei weiche, warme Hände
Kommen leis von hinten und verschließen
Mir die Augen. Süß erschauernd steh ich,
Regungslos gebannt, doch nicht erschrocken.
Dann mich leise wendend, in die Augen,
Große dunkle, feuchte Augen blick' ich
Eines unergründlich schönen Weibes.
Weich in ihre Arme zieht sie mich,
Und mit warmen Hauch an meiner Wange
Flüstert sie mir zu in Heimlichkeit:
„Mach's in diesem Jahre und in allen
So wie ich." – Gespannt in allen Fibern,
Hör ich, wie in leisen, starken Strömen
Neue Kraft die Adern mir erfüllt;
Zitternd steh ich, dem Kristallgefäß gleich,
Das mit rotem Feuerwein gefüllt wird. –
Bis vom nahen Strauch ein Vöglein schwebt
Stummen Fluges durch die träge Luft
Und vom kaum gebognen Zweig der Schnee
Lautlos fällt auf Schnee. Mit leisem Frösteln
Fühl ich, daß sie längst gelöst die Arme,
Daß ich längst allein am Wege stehe.
Aufgerafft dann, mit gestrafften Sehnen
Schreit ich weiter, immer gradaus blickend;
Gradaus blickend tret ich in die Türe,
Hut und Mantel leg ich ab; die Kinder
Klammern jubelnd sich an mich, und endlich
Schüttelt ungeduldig mich das Älteste!
„Vater! Vater! Was für Augen machst du!"
Und das Nächste ruft mit Händepatschen:

„Und was *hast* du heut für rote Backen!"
Dieses also ist mein Fest der Demut.
Schnurrig werdet ihr die Weisheit finden,
Die das Weib mir zugeraunt am Wege,
Schnurrig, daß ich mich vor diesem Weibe
Ohne Stolz in tiefster Andacht neige.
Rätselvoll zum mindesten erscheint euch
Jenes kurze Trostwort der Sibylle.
Aber ich verstehe sie vollkommen;
Auf der Heide schon in früher Kindheit
Lernt' ich ihre Sprüche still begreifen.
Denn dies Weib mit dicken, brauen Zöpfen,
Jungen Brüsten und erglühten Wangen,
Meine Ur-Ur-Urgroßmutter ist es,
Die Natur. Saht ihr sie nicht im Sturmtanz
Jüngst sich drehen, daß die Röcke flogen?
Wirbelnd fegte sie mit ihrem Röckchen
Welkes, Mürbes, Morsches und Verdorbnes
Und Gestorbenes zum Land hinaus. –

Jetzo sind wir in den stillen Tagen,
Da sie schlummert oder unter Büschen
Tief verborgen träumt und träumend sinnt,
Sinnend schafft und in sich selbst versinkt.
Tief hinunter taucht sie in sich selbst,
Aus geheimsten Grund die Kraft zu holen.
Doch nur wen'ge Tage gönnt sie sich
Andachtsvoller Ruhe: Wenn in diesen
Dunklen Tagen sich die Sonne wendet,
Neu beginnt sie schon den Werdekampf.
In Myriaden dunkler Kammern schlägt sie
Zarte, reizende Gewebe auf,
In Myriaden dunkler, trauter Kammern
Webt sie grüne Blätter, bunte Blumen.
Klatscht sie in die Hände, springen lachend

Überall und überall die Knospen,
Und ans weiße Frühlingslicht hervor
Quellen samtne Blätter, seidne Blüten.
Recht im Licht mit weidlichem Behagen
Spreitet sie ihr leuchtendes Gewand.
Aus den Ställen lockt sie Rind und Schäflein,
Und in Waldesnacht und Bergesgründen
Weckt sie leise, süße Hirtenflöten.
Auch mit Donnern bricht sie wild herein,
Zornesblitze sprüht ihr dunkles Auge,
Wenn zu träge schleicht das Blut der Welt
Und sich staut in kläglicher Ermattung.
Aber in Myriaden dunkler Kammern
Kocht an heißer Glut die Wundersäfte,
Starke, süß' und bittre Lebenstränke,
Backt sie Brot an Millionen Herden,
Singt dazu aus starker, süßer Kehle.
Dann die Schürze fest gefaßt an beiden
Zipfeln, springt sie jauchzend durch das Land.
Aus der Schürze langt sie Birn' und Apfel,
Wirft sie Bub und Dirnlein an den Kopf,
Während über Stirn und Ohr ihr nicken
Goldene und funkelrote Trauben
Hat sie alles lächelnd hingegeben,
Dreht sie tanzend, jauchzend sich im Sturme,
Kreischend, wie nur Weiber kreischen können:
Welkes, Morsches und Verdorbnes fegt sie
Und Gestorbenes zum Land hinaus.
Bis sie müde hinsinkt unter Büschen,
Schlummernd liegt mit einem Kinderantlitz,
Harmlos, ahnungslos, wie Kindlein sind.
Wen'ge stille Tage.

Und erwacht dann,
Träumt sie starren Auges, träumend sinnt sie
Sinnend schafft sie, in sich selbst versinkend.
[32⁼] Tief hinunter taucht sie in sich selbst,
Aus geheimstem Grund die Kraft zu holen.
Zärtlich ist sie sehr in diesen Tagen;
Geht am stillen Weg ein Freund vorüber,
Ein verzagter, kampfesmüder Wicht,
Schlingt sie hinterrücks um ihn die Arme,
Flüstert warm ins Ohr ihm: „So wie ich
Mach's in diesem Jahre und in allen."

Also laßt uns klein mit Kleinen werden,
Alle Süße der Beschränkung kosten,
Alle großen Wünsche still begraben,
Allen Zorn und Haß und allen Streit.
Schlummern laßt uns, harmlos, ahnungslos
Wen'ge stille Tage. Wunderbarlich
Lockt des Herdes Flamme, liebe Freunde,
Wenn ihr Flackerschein auf rote Wangen
Süßer Kinder fällt und aus den Augen
Eines anmutvollen Weibes glüht.
Ach, im Sessel tief zurückgelehnt,
Seht im Christbaum ihr den Engel schweben
Mit der Himmelsbotschaft: „Frieden, Frieden!"
Laßt uns an den süßen Frieden glauben;
Aber schlummert nicht zu lang. Es kommen
Tage, da dem Engel auf der Lippe
Jäh der Psalm zerreißt und von den Höhen,
Aus den Tälern die Trompete schreit. – – –

Jetzo find wir in den stillen Tagen.
Tief hinunter taucht in euer Herz,
Aus geheimstem Grund die Kraft zu holen.
Brauchen, brauchen werdet ihr die Kraft;
Denn die Zeichen reden Sturm und Krieg.
Taugen wird euch schlecht dann die Ergebung
Und die Demut und der sanfte Traum.
Demut und Ergebung! Eine Kette
Haben sie geschmiedet, die vom Anfang
Dieser Welt reicht bis zum heut'gen Tag.
Und wir schleppen an dem Erbe, das uns
Jene beiden liebreich aufgebürdet.
Und die Demutvollen, die Ergebnen,
Schmieden Glied um Glied die Kette weiter
Für den eig'nen Leib. Doch kommt der Tag auch,
Da zu lang die Kette wird, zu schwer
Und den wild Verzweifelten das Herz
Allgewaltig aufschwillt in der Brust
Und der Mensch, der zu den Sternen aufblickt,
Weiß und will, daß er zum Stolz geboren.

Weihnacht kommt, das milde Fest der Kerzen.
In die stillen Flammen will ich schauen,
Tief mich in ihr reines Licht versenken
Und mit Kraft und hoher Hoffnung bitten:
„Liebe Brüder, werdet nicht wie Kindlein!"

* * * * *

Joachim Ringelnatz – Einsiedlers heiliger Abend (1933)

Ich hab' in den Weihnachtstagen –
Ich weiß auch, warum –
Mir selbst einen Christbaum geschlagen,
Der ist ganz verkrüppelt und krumm.

Ich bohrte ein Loch in die Diele
Und steckte ihn da hinein
Und stellte rings um ihn viele
Flaschen Burgunderwein.

Und zierte, um Baumschmuck und Lichter
Zu sparen, ihn abends noch spät
Mit Löffeln, Gabeln und Trichter
Und anderem blanken Gerät.

Ich kochte zur heiligen Stunde
Mir Erbsensuppe mit Speck
Und gab meinem fröhlichen Hunde
Gulasch und litt seinen Dreck.

Und sang aus burgundernder Kehle
Das Pfannenflickerlied.
Und pries mit bewundernder Seele
Alles das, was ich mied.

Es glimmte petroleumbetrunken
Später der Lampendocht.
Ich saß in Gedanken versunken.
Da hat`s an der Türe gepocht,

Und pochte wieder und wieder.
Es konnte das Christkind sein.
Und klang`s nicht wie Weihnachtslieder?
Ich aber rief nicht: „Herein!"

Ich zog mich aus und ging leise
Zu Bett, ohne Angst, ohne Spott,
Und dankte auf krumme Weise
Lallend dem lieben Gott.

* * * * *

Klabund – Weihnacht (1927)

Ich bin der Tischler Josef,
Meine Frau, die heißet Marie.
Wir finden kein' Arbeit und Herberg'
im kalten Winter allhie.

Habens der Herr Wirt vom goldnen Stern
nicht ein Unterkunft für mein Weib?
Einen halbeten Kreuzer zahlert ich gern,
zu betten den schwangren Leib. –

Ich hab kein Bett für Bettelleut;
doch scherts euch nur in den Stall.

Gevatter Ochs und Base Kuh
werden empfangen euch wohl. –

Wir danken dem Herrn Wirt für seine Gnad
und für die warme Stub.
Der Himmel lohns euch und unser Kind,
seis Madel oder Bub.

Marie, Marie, was schreist du so sehr? –
Ach Josef, es sein die Wehn.
Bald wirst du den elfenbeinernen Turm,
das süßeste Wunder sehn. –

Der Josef Hebamme und Bader war
und hob den lieben Sohn
aus seiner Mutter dunklem Reich
auf seinen strohernen Thron.

Da lag er im Stroh. Die Mutter so froh
sagt Vater Unserm den Dank.

Und Ochs und Esel und Pferd und Hund
standen fromm dabei.

Aber die Katze sprang auf die Streu
und wärmte zur Nacht das Kind. –
Davon die Katzen noch heutigen Tags
Maria die liebsten Tiere sind.

* * * * *

Johann Wolfgang von Goethe – Weihnachten (1822)

Bäume leuchtend, Bäume blendend,
Ueberall das Süße spendend,
In dem Glanze sich bewegend,
Alt und junges Herz erregend –
Solch ein Fest ist uns bescheret,
Mancher Gaben Schmuck verehret;
Staunend schaun wir auf und nieder,
Hin und her und immer wieder.

Aber, Fürst, wenn Dir's begegnet
Und ein Abend so Dich segnet,
Daß als Lichter, daß als Flammen
Vor Dir glänzten allzusammen
Alles was Du ausgerichtet,
Alle die sich Dir verpflichtet:
Mit erhöhten Geistesblicken
Fühltest herrliches Entzücken.

* * * * *

Ludwig Thoma – Weihnachten (1922)

Christabend.
Knirschender Schnee.
Eisige Blumen
An allen Fenstern.
Wie sitzt es sich wohlig
Im warmen Zimmer
Hinter der dampfenden
Punschterrine,
Lachende Augen um mich herum.
Fröhliche Worte
Und frohe Herzen.
Ei, Kinder, wie ist das behaglich!
Da wird einem warm,
Ruft Erinnerung wach
An die helle, freundliche Jugendzeit.
Und weißt du es noch?
Und wie 's damals war
In dem alten, traulichen Försterhaus?
Das will ich erzählen.
In der Winternacht,
Die Berge wie riesige Zuckerhüte,
Mit Demanten bestreut,
Und alle die Tannen
Mit Reif bedeckt,

Ein Glitzern und Flimmern
Um Strauch und Baum,
Als hätten die Englein,
Den Herrn zu ehren,
Viel tausend Lichter
Rings aufgesetzt.
Und die Sterne funkeln
So mild und hell.
Drinnen im Haus
Die kleine Schar
Erwartungsfreudig, voll Ungeduld.
Da führt uns die Mutter
Zum Fenster hinan.
In banger Scheu
Blicken die glänzenden Kinderaugen
In das Glitzern und Flimmern,
In die schweigende Nacht.
Und horcht!
Ein Singen und Klingen
Geht durch die Luft,
Christkindlein kommt,
Christkindlein zieht durch den Wald,
Wie klopfen die Herzen!
Wie glühen die Wangen!
Schon ist es da,
Öffnet die Tür,
Und im hellen Schein
Strahlet wieder der Weihnachtsbaum!
Jubelnde Stimmen.
Glückliche Kinder.

Wißt Ihr es noch?
Wißt Ihr, wie 's damals war?
Stille wird es im Kreise,
Und in jedem erwacht
Mächtig Erinnerung
An die helle,
An die sonnige Jugendzeit.
Alle schweigen. Nur eine spricht,
Nur ein älteres Fräulein spricht.
Seufzend sagt sie, wer so erzählt,
Hat doch eigentlich ein Gemüt,
Und er sollte, sobald es geht,
Sich verheiraten

* * * * *

Christian Morgenstern – Das Weihnachtsbäumlein
(etwa 1910)

Es war einmal ein Tännelein,
mit braunen Kuchenherzlein
und Glitzergold und Äpflein fein
und vielen bunten Kerzlein:
Das war am Weihnachtsfest so grün,
als fing es eben an zu blühn.

Doch nach nicht gar zu langer Zeit,
da stand's im Garten unten,
und seine ganze Herrlichkeit
war, ach, dahingeschwunden.
die grünen Nadeln warn'n verdorrt,
die Herzlein und die Kerzlein fort.

Bis eines Tags der Gärtner kam,
den fror zu Haus im Dunkeln,
und es in seinen Ofen nahm –
Hei! tat's da sprühn und funkeln!
Und flammte heim- und himmelwärts
in hundert Flämmlein an Gottes Herz.

* * * * *

Detlev von Liliencron – Weihnachtslied (1902)

Seht! der jetzt hier vor euch steht,
Ist ein Engel aus dem Himmel,
Von den Sternen hergeweht,
Ach, ins irdische Gewimmel.

Manches hab ich angeschaut,
Ganz zuletzt die Weihnachtsbäume,
Und darunter aufgebaut
Tausend wachgewordne Träume.

Mit Knecht Ruprecht ging ich viel
Vor den schönen Christkindtagen,
Immer neu war unser Ziel,
Seinen Rucksack half ich tragen.

Unsrer Gaben Fülle lag
Fest verschlossen in Verstecken,
Daß nicht vor dem Jesustag
Naseweischen sie entdecken.

Ein Klein-Lottchen konnt ich sehn,
Mit dem Brüderchen, dem Fritzen,
Suchten emsig auf den Zehn
Schlüsselloch und Thürenritzen.

Kinder, ward der alte Mann
Böse, zeigte schon die Rute!
Doch ich that ihn in den Bann,
Bis ihm wieder lieb zu Mute.

Und nun trägt vom hellen Baum
Jeder seinen Schatz in Händen,
Und er läßt sich selbst im Traum
Die Geschenke nicht entwenden.

Ganz besonders diesmal fand
Märchenbuch ich und Geschichten,
Denn ich kam in jedes Land,
Wo die Menschen alle dichten.

Bleibt ihr artig, kleine Schar,
Wird Knecht Ruprecht an euch denken,
Bringt euch auch im nächsten Jahr
Einen Sack voll von Geschenken.

Und dann steht ihr wie im Traum.
Und noch einmal seht ihr wieder
Kerzenglanz und Tannenbaum
Und hört alte Weihnachtslieder.

* * * * *

Kurt Tuchholsky (unter dem Pseudonym Theobald Tiger) – Weihnachten

Nikolaus der Gute
kommt mit einer Rute,
greift in seinen vollen Sack –
dir ein Päckchen – mir ein Pack.
Ruth Maria kriegt ein Buch
und ein Baumwolltaschentuch,
Noske einen Ehrensäbel
und ein Buch vom alten Bebel,
sozusagen zur Erheiterung,
zur Gelehrsamkeitserweiterung ...
Marloh kriegt ein Kaiserbild
und 'nen blanken Ehrenschild.
Oberst Reinhard kriegt zum Hohn
die gesetzliche Pension ...
Tante Lo, die, wie ihr wißt,
immer, immer müde ist,
kriegt von mir ein dickes Kissen. –
Und auch hinter die Kulissen
kommt der gute Weihnachtsmann:
Nimmt sich mancher Leute an,
schenkt da einen ganzen Sack
guten alten Kunstgeschmack.
Schenkt der Orska alle Rollen
Wedekinder, kesse Bollen –
(Hosenrollen mag sie nicht:
dabei sieht man nur Gesicht ...).

Der kriegt eine Bauerntruhe,
Fräulein Hippel neue Schuhe,
jener hält die liebste Hand –
Und das Land? Und das Land?
Bitt ich dich, so sehr ich kann:
Schenk' ihm Ruhe –
lieber Weihnachtsmann!

* * * * *

Joachim Ringelnatz – Die Weihnachtsfeier des Seemanns Kuttel Daddeldu (1924)

Die Springburn hatte festgemacht
Am Petersenkai.
Kuttel Daddeldu jumpte an Land,
Durch den Freihafen und die stille heilige Nacht
Und an dem Zollwächter vorbei.
Er schwenkte einen Bananensack in der Hand.
Damit wollte er dem Zollmann den Schädel spalten.
Wenn er es wagte, ihn anzuhalten.
Da flohen die zwei voreinander mit drohenden Reden.
Aber auf einmal trafen sich wieder beide im König von Schweden.

Daddeldus Braut liebte die Männer vom Meere,
Denn sie stammte aus Bayern.
Und jetzt war sie bei einer Abortfrau in der Lehre,
Und bei ihr wollte Kuttel Daddeldu Weihnachten feiern.

Im König von Schweden war Kuttel bekannt als Krakehler.
Deswegen begrüßte der Wirt ihn freundlich: »*Hallo old sailer*!«
Daddeldu liebte solch freie, herzhafte Reden,
Deswegen beschenkte er gleich den König von Schweden.
Er schenkte ihm Feigen und sechs Stück Kolibri
Und sagte: »Da nimm, du Affe!«
Daddeldu sagte nie »Sie«.
Er hatte auch Wanzen und eine Masse
Chinesischer Tassen für seine Braut mitgebracht.

Aber nun sangen die Gäste »Stille Nacht, Heilige Nacht«,
Und da schenkte er jedem Gast eine Tasse
Und behielt für die Braut nur noch drei.
Aber als er sich später mal darauf setzte,

Gingen auch diese versehentlich noch entzwei,
Ohne daß sich Daddeldu selber verletzte.

Und ein Mädchen nannte ihn Trunkenbold
Und schrie: er habe sie an die Beine geneckt.
Aber Daddeldu zahlte alles in englischen Pfund in Gold.
Und das Mädchen steckte ihm Christbaumkonfekt
Still in die Taschen und lächelte hold
Und goß noch Genever zu dem Gilka mit Rum in den Sekt.
Daddeldu dacht an die wartende Braut.
Aber es hatte nicht sein gesollt,
Denn nun sangen sie wieder so schön und so laut.
Und Daddeldu hatte die Wanzen noch nicht verzollt,
Deshalb zahlte er alles in englischen Pfund in Gold.

Und das war alles wie Traum.
Plötzlich brannte der Weihnachtsbaum.
Plötzlich brannte das Sofa und die Tapete,
Kam eine Marmorplatte geschwirrt,
Rannte der große Spiegel gegen den kleinen Wirt.
Und die See ging hoch und der Wind wehte.

Daddeldu wankte mit einer blutigen Nase
(Nicht mit seiner eigenen) hinaus auf die Straße.
Und eine höhnische Stimme hinter ihm schrie:
»Sie Daddel Sie!«
Und links und rechts schwirrten die Kolibri.

Die Weihnachtskerzen im Pavillon an der Mattentwiete erloschen.
Die alte Abortfrau begab sich zur Ruh.
Draußen stand Daddeldu
Und suchte für alle Fälle nach einem Groschen.
Da trat aus der Tür seine Braut

Und weinte laut:
Warum er so spät aus Honolulu käme?
Ob er sich gar nicht mehr schäme?
Und klappte die Tür wieder zu.

An der Tür stand: »Für Damen«.

Es dämmerte langsam. Die ersten Kunden kamen,
Und stolperten über den schlafenden Daddeldu.

* * * * *

Otto Ernst – Weihnachtsspaziergang (1907)

Täglich fast aus meines Dorfes Frieden,
Wo ich zwischen Feld und Büschen wohne,
Wo ich sieben Nachtigallen höre,
Wo mich Fink und Amsel lang schon kennen
Und mich keck beäugen, wenn ich nahe,
Wo die Welt im Sommer eine Laube
Und ein silberweißer Dom im Winter,
Wo vom Schreibtisch ich den Habicht schweben
Sehe duch des Himmels große Stille –
Täglich fast aus meines Dorfes Frieden,
Wo ich Ruhe, Traum und Klarheit atme,
Lenk' ich meinen Schritt zur nahen Weltstadt,
Um zu fühlen, was ich sonst vergäße,
Daß die Welt nicht Klarheit, Traum und Frieden,
Nicht ein heimlich Wohnen zwischen Hecken,
Ach, kein Spiel mit Fink und Drossel ist.

In das weite, wilde Meer der Menschen
Tauch' ich unter dann und laß mich treiben.
Ja, sie sind wie windverstörte Wellen;
Eine will die and're überrennen,
Und am letzten Strand zerschäumen alle.
Wie sie jagen, stoßen, knirschen – wie sie
Not und Habsucht durcheinander wirbelt!
Nur geradeaus den Blick gerichtet,
Drängen sie und trappeln sie und traben,
Sehen nicht das stille Leben fluten,
Sehn nicht, wie es stumm zu beiden Seiten
Fließt und fließt ins große Meer der Stille,
Ewig ungelebt und ungenossen.
Ach, sie leben nicht – nur, um zu leben!
Vorwärts, vorwärts nur den Blick gerichtet,

Treibt es sie die schattenlose Straße
Fort, hinweg vom Schoß der großen Mutter.
Und versunken in des wilden Meeres
Tote Tiefen ist die alte Kunde,
Daß ein Glück sich dehnt in leichten Lüften,
Friede wandert zwischen Halm und Hecken,
Daß ein off'nes, frohes Menschenauge
Wie ein See des Paradieses glänzt.

Einmal nur im Jahre find' ich's anders!
Brach herein der Weihnacht heil'ge Frühe,
Nehm ich Hut und Stock und wand're fröhlich
In die große Stadt. So tat ich heute.
Drängen, Treiben seh' ich heut' wie immer,
Seh' ein wogend Meer wie alle Tage;
Aber auf den Fluten dieses Meeres
Ruht wie Sonnenschein ein einzig Lächeln.
Und – o frommes Wunder ohnegleichen,
Selbst der Kaufherr, dessen Furcht und Hoffnung
Sonst um Indiens Silberminen kreisen,
Heimgefunden hat er in den Frieden
Einer höheren und stiller'n Welt.

Lächeln seh' ich in entspannten Mienen
Und wo Lächeln nicht, doch einen Glauben
An das Lächeln. Starre Blicke seh' ich
Wohl wie sonst, allein sie starren glänzend
In ein Licht, das sie allein erschauen.
Welches Glaubens sie und welches Sinnes,
Einmal wieder haben sie's vernommen,
Einmal glauben sie die frohe Botschaft,
Daß ein Glück mag kommen aus den Lüften,
Daß ein Friede wohnt in grünen Tannen,
Daß ein liebend Wang'-an-Wange-Schmiegen

Alle Not beschämt und alles Prangen,
Daß ein off'nes, frohes Menschenauge
Wie ein See des Paradieses glänzt.

Von versunk'nen Städten singt die Sage,
Deren Glocken aus der Tiefe klingen.
Geh' ich weihnachts durch den Schwall der Straßen,
Dringt durch allen Lärm ein stetes Klingen:
Leise aus verlor'nen Gründen hör' ich
Läuten die versunk'ne Stadt des Glücks.

* * * * *

Rudolf Lavant – Weihnacht 1988 (1893)

Ihr sagt von uns, wir seien abgestorben
Im Lebenskampf dem kindlichen Gefühl;
Wir seien Richter, forschend, streng und kühl,
Und für der Andacht Zauber längst verdorben.
Wie ihr's versteht, so lassen wir es gelten,
In tiefrem Sinne aber gilt es nicht –
Wir pflegen nur in andrem, hellrem Licht
Zu sehn die „bestgestaltete der Welten."

Wir, die wir nicht im kalten Golde wühlen,
Das ihr zum Maßstab der Gesittung macht,
Ihr könnt uns glauben, daß in dieser Nacht
Tiefer als ihr und inniger wir fühlen.
Ihr könnt uns glauben, daß der Andacht Walten
Hinab zur Brust das Haupt gelind uns neigt,
Daß es uns heiß und feucht ins Auge steigt
Und daß die Hand vor das Gesicht wir halten.

Ein Fest der Kindheit wollt ihr doch begehen,
Das euch zugleich an goldne Tage mahnt;
Glaubt ihr, daß näher als ihr denkt und ahnt
Dem Elternherzen *unsre* Kinder stehen?
Ihr werdet tiefer unser Lieben finden,
Als selbst das eure, wenn ihr es begreift:
Im Kuß, der *unsrer* Kinder Lippen streift,
Liegt ja ein bitter-schmerzliches Empfinden.

Ihr könnt nicht wissen, was, heraufbeschworen
Aus tiefster Brust, in uns sich mächtig regt,
Wenn uns ans Herz die junge Mutter legt
Das Kind, das sie in Schmerzen uns geboren.
Ihr könnt nicht wissen, wie es uns durchschauert,
Wenn unser Kind die ersten Worte lallt,
Wenn es zuerst die kleinen Fäustchen ballt,
Und wie die Seele unwillkürlich trauert.

Wir lieben sie, die Kleinen dort im Wagen,
Nicht wie ein Spielzeug, äffisch nicht und blind,
Nein, weil sie Opfer einer Ordnung sind,
An der wir uns die Schultern wund getragen.
Wir lieben sie, wir möchten sie beschenken
Mit Kinderglück und jeder Kinderlust –
Zieht doch der Gram auf immer in die Brust,
Wenn sie die Welt erfaßt mit ihrem Denken.

Wir lieben doppelt sie, weil sie erlesen
Zu Erben sind und Trägern der Idee,
Die unser Stern in Bitterkeit und Weh,
Die unser Trost und unser Stolz gewesen.
Wir lieben doppelt sie, denn künftig tragen
Das reine Banner sie in Leid und Noth,
Das von der Arbeit erstem Aufgebot
Glorreich entfaltet ward in unsern Tagen.

Das wird euch wieder überschwänglich scheinen,
Wie jedes Fühlen, das ihr nicht begreift,
Doch stehen wir, wenn unsre Lippe streift
Der Kleinen Stirn mit unterdrücktem Weinen,
Dem Weltgeheimniß, das wir Liebe nennen,
Um Vieles näher, als das Bürgerthum,
Das, wie es sagt, des Volkes Kern und Ruhm,
Mag hundertkerzig auch sein Christbaum brennen.

* * * * *

Friedrich Rückert – Des fremden Kindes heiliger Christ (1841)

Es läuft ein fremdes Kind
Am Abend vor Weihnachten
Durch eine Stadt geschwind,
Die Lichter zu betrachten,
Die angezündet sind.

Es steht vor jedem Haus
Und sieht die hellen Räume,
Die drinnen schaun heraus,
Die lampenvollen Bäume;
Weh wird's ihm überaus.

Das Kindlein weint und spricht:
„Ein jedes Kind hat heute
Ein Bäumchen und ein Licht,
Und hat daran seine Freude,
Nur blos ich armes nicht!

An der Geschwister Hand,
Als ich daheim gesessen,
Hat es mir auch gebrannt;
Doch hier bin ich vergessen
In diesem fremden Land.

Läßt mich denn Niemand ein
Und gönnt mir auch ein Fleckchen?
In all' den Häuserreih'n,
Ist denn für mich kein Eckchen,
Und wär' es noch so klein?

Läßt mich denn niemand ein?
Ich will ja selbst Nichts haben,
Ich will ja nur am Schein
Der fremden Weihnachtsgaben
Mich laben ganz allein!"

Es klopft an Thür und Thor,
An Fenster und an Laden,
Doch Niemand tritt hervor,
Das Kindlein einzuladen;
Sie haben drin' kein Ohr.

Ein jeder Vater lenkt
Den Sinn auf seine Kinder;
Die Mutter sie beschenkt,
Denkt sonst nichts mehr noch minder.
An's Kindlein niemand denkt.

„O lieber, heil'ger Christ!
Nicht Mutter und nicht Vater
Hab ich, wenn du's nicht bist.
O, sei du mein Berather,
Weil man mich hier vergißt!"

Das Kindlein reibt die Hand,
Sie ist von Frost erstarret;
Es kriecht in sein Gewand
Und in dem Gäßlein harret,
Den Blick hinaus gewandt.

Da kommt mit einem Licht
Durch's Gäßlein hergewallet,
Im weißen Kleide schlicht,
Ein ander Kind; - wie schalle
Es lieblich, da es spricht:

„Ich bin der heil'ge Christ,
War auch ein Kind vordessen,
Wie du ein Kindlein bist.
Ich will dich nicht vergessen,
Wenn alles dich vergißt;

Ich bin mit meinem Wort
Bei Allen gleichermaßen;
Ich biete meinen Hort
So gut hier auf den Straßen,
Wie in den Zimmern dort.

Ich will dir deinen Baum,
Fremd Kind, hier lassen schimmern
Auf diesem offnen Raum,
So schön, daß die in Zimmern
So schön sein sollen kaum."

Da deutet mit der Hand
Christkindlein auf zum Himmel,
Und droben leuchtend stand
Ein Baum voll Sterngewimmel
Vielästig ausgespannt.

So fern und doch so nah,
Wie funkelten die Kerzen!
Wie ward dem Kindlein da,
Dem fremden, still zu Herzen,
Das seinen Christbaum sah!

Es ward ihm wie im Traum;
Da langten hergebogen
Englein herab vom Baum
Zum Kindlein, das sie zogen
Hinauf zum lichten Raum.

Das fremde Kindlein ist
Zur Heimat nun gekehret,
Bei seinem heil'gen Christ;
Und was hier wird bescheeret,
Es dorten leicht vergißt.

* * * * *

Joseph von Eichendorff – Weihnachten (1864)

Markt und Straßen stehn verlassen,
Still erleuchtet jedes Haus,
Sinnend geh' ich durch die Gassen,
Alles sieht so festlich aus.

An den Fenstern haben Frauen
Buntes Spielzeug fromm geschmückt,
Tausend Kindlein stehn und schauen,
Sind so wunderstill beglückt.

Und ich wandre aus den Mauern
Bis hinaus in's freie Feld,
Hehres Glänzen, heil'ges Schauern!
Wie so weit und still die Welt!

Sterne hoch die Kreise schlingen,
Aus des Schneees Einsamkeit
Steigt's wie wunderbares Singen –
O du gnadenreiche Zeit!

* * * * *

Johann Karl Wilhelm Geisheim – Weihnachtsfreude (1839)

Seht und hört den tollen Knaben
Auf dem Christmarkt, wie er schreit,
Alles, Alles will er haben,
Weil ihn Alles hoch erfreut.

Hier behelmte, blanke Ritter,
Dort das Lämmchen schmuck und kraus,
Hier des Säbels Flamm' und Flitter,
Dort der Garten und das Haus.

Kaufen soll der Liebe Vater
Bald die Peitsche, bald das Pferd,
Bald die Kirche, das Theater,
Bald die Windmühl' er begehrt.

Pfefferkuchen, Trommel, Wagen,
Nüsseknacker wunderlich,
Licht und Leuchter ihm behagen,
Alles wählt und wünscht er sich.

Hansemann und Türk' und Affen,
Blech und Wachsstock, Zuckerwerk
Kann nicht satt er sich begaffen
Als des Wunsches Augenmerk.

Elephant, Trompeter, Tiger,
Hirt und Heerde, Schäferei'n,
Und von Blei die Schaar der Krieger,
Alle, wünscht er, wären sein.

Doch dem Vater ist's ein Leiden,
Denn er ist ein armer Mann;
's will ihm fast das Herz abschneiden,
Daß er nichts ihm kaufen kann.

Und er eilt mit seinem Knaben
Heim, nicht länger anzusehn,
Wie mit Bürden, voll von Gaben,
Reiche Leute heimwärts gehn.

Traurig sieht mit seinem Weibe
Er den armen Jungen an;
Aber der zum Zeitvertreibe
Bald ein Spielwerk sich ersann.

Eine Düt' aus einem Winkel
Holet er statt Helmes her,
Setzt sie auf mit keckem Dünkel,
Als ob er ein Ritter wär';

Und zum Schwerdte wird die Elle
Seiner Mutter, und ein Pferd
Hat er aus der Ofenhölle
Schnell sich selber einbeschert.

So, bald Held und bald Trompeter,
Tambour, Offizier, Soldat,
Geht er, oder Schildwach steht er,
Und sein lust'ges Spiel er hat.

Bald als Müller trägt statt Säcke
Polster er zur Mühle schwer,
Bald als Hirte treibt er Böcke,
Küh' und Kälber vor sich her.

Oder gar wohl, gleich den Thieren,
Die er auf dem Markte fand,
Nennet er auf allen Vieren
Selbst sich Bär und Elephant.

Und es sehen's Mutter, Vater,
Freudig horchend, schauend an,
Was kein irdisches Theater
Ihnen schöner geben kann.

Also lebt in frohen Herzen,
Lebt in Kindern eine Welt,
Die euch über alle Schmerzen
Unerfüllter Wünsche stellt.

Also schaffet sich Weihnachten
Selbst ein kindliches Gemüth;
Gaben den nicht glücklich machten,
Dem kein Glück im Herzen glüht'.

Darum an dem Weihnachtskinde
Kräftigt euren Muth und Sinn;
Denn es wird, so heißt's, dem Kinde
Nur der Himmel zum Gewinn.

* * * * *

Abbildung Deckblatt:
Christmas illustration, "Christmas Tales and Christmas Verse" by
Eugene Field, 1912, Florence Storer